A Nicolás y Carmen,
a María y Carmela,
a Pepe García Oliva
y, naturalmente, a Macarena.

1

BALTASAR

Mi tío Baltasar era domador y poeta. Domador de tormentas y poeta lunático. Yo, a veces, hubiera preferido que fuera otra cosa. Como, por ejemplo, carpintero. Los carpinteros trabajan en un taller y no están todo el día de un lado para otro. Si quieres verlos, los encuentras, seguro. Pero a mi tío Baltasar era muy difícil verlo. Por eso me hubiera gustado que fuera otra cosa, pues solamente lo veía una vez al año.

Por lo demás, era maravilloso.

Tenía unos bigotes largos suavemente rizados que, a veces, parecían dos látigos y, a veces, dos olitas. Practicaba un arte muy raro que él llamaba la «capilaromancia infranasal», que es el arte de dominar uno mismo los pelos del bigote. A mí eso de la «pelimancia» —yo la llamaba así— me encantaba. Podías mirar sus bigotes durante horas enteras sin cansarte. Parecía que tenían vida propia.

Cuando venía a mi casa, solía hacer un juego muy divertido. Despacio, colocaba la cabeza encima de la mesa, estiraba sus bigotes hacia abajo como si fueran dos piernecitas y los hacía bailar mientras tarareaba una canción.

Había otros tipos de pelimancia, según la situación de los pelos. Yo intentaba muchas veces dominar la «capitatis», que es la de los pelos de la cabeza. Pero me sentía ridículo y mis amigos se reían de las caras que ponía y se mofaban diciendo:

—¡Bravo, Gaspar! ¡Lo estás consiguiendo! ¡Se te están poniendo de punta!

Pero no era verdad. Lo decían para tenerme un rato más haciendo el tonto.

Para consolarme, mi tío me decía:

—Escucha, no importa que los demás se rían de ti si tú crees que puedes hacerlo. Pero, dime, ¿de verdad quieres aprender la pelimancia, como tú la llamas?

—Yo lo que quiero es no peinarme.

Y mi tío se reía entonces como una catarata, mientras sus bigotes le golpeaban las mejillas.

Más tarde me regaló un peine.

—Prueba con éste.

Era de madera y por dentro estaba lleno de semillas diminutas. Cuando alguien lo utiliza, las semillas ruedan y producen una música muy bonita. Muchas veces me peino sólo por oírla.

Mi tío Baltasar tenía también una muda de piel de pitón, una bicicleta con una rueda enorme y un circo. Siempre andaba recorriendo el mundo. Mejor dicho, los bosques. Mi tío Baltasar siempre actuaba en los bosques.

«Por mis arañas —decía— y, por supuesto, por fastidiar a los pantaneros, a los urbanícolas recalcitrantes, a los amantes del alquitrán en conserva, a los adalides del hormigón armado y, ¡cómo no!, a los que se creen que un bosque es un almacén, una suma de beneficios, una mancha verde al lado de una carretera.»

Cuando mi tío hablaba así, no le entendía muy bien, pero era gracioso ver cómo se enfadaba. Aunque en el fondo lo que le sucedía es que le daba tristeza la gente que no cuida de los bosques y los destruye. A mí también.

Una vez al año, el circo se instalaba en el bosque que hay a las afueras de mi pueblo. En este pueblo también nació mi tío hace mucho tiempo y, según cuenta mi madre, cuando tenía nueve años, siempre andaba cazando insectos.

Un día le sorprendió una formidable tormenta lejos de casa. El cielo empezó a tronar y mi tío, asustado, se refugió dentro de un árbol hueco. Pasó mucho miedo. La tormenta era cada vez más fuerte. El agua corría muy deprisa y todo el bosque crujía. De repente, un rayo cayó en el árbol donde se encontraba mi tío. La luz y el sonido fueron tan intensos como si el mismo cielo se hubiera caído de golpe y hubiera cerrado sus ojos de un zarpazo. El árbol se partió en dos mitades que ardían igual que serpientes gigantes. Parecía que aquel rayo hubiera clavado a mi tío en la tierra para siempre... hasta que empezó a sentir un calor inmenso, mientras su cuerpo se mojaba. Cuando abrió los ojos, los troncos estaban en llamas. Sólamente oía el sonido de su corazón latiendo a toda velocidad. Dejó de llover, miró al cielo y rompió a llorar diciendo: «Gracias, gracias, gracias».

Según mi madre, el rayo ni le rozó. ¡Fue un milagro! Pero, desde entonces, mi tío habla con las tormentas. ¡Vaya que si habla! ¡Y cómo lo hace...!

2

Las palomas

Días antes de que llegara el circo venían las palomas. Se concentraban en el palomar de la ermita vieja, y aquel que las veía corría la voz. Eran palomas mensajeras que traían las invitaciones para la función enrolladas en las patas. Y no es que las entradas hicieran falta. En realidad, mi tío no le negaba la entrada en el circo a nadie, pero todos queríamos hacerlo y que Baltasar nos nombrase para entrar. Así, en cuanto veíamos las palomas, dejábamos lo que estuviéramos haciendo y salíamos corriendo.

En papel dorado con letras rojas se leía:

GRAN CIRCO DE BALTASAR Circo naturalista, de ilusiones ópticas, trasluces y verdades lunáticas. VALE por una ENTRADA NOCTURNA para: ________________________________

y teníamos que escribir nuestro nombre y volver a enrollar el papel y ponerlo en las patas de las palomas.

Esto a veces originaba situaciones curiosas. Como, por ejemplo, cuando coincidió con el entierro de Anastasio. Anastasio era el hombre más viejo del pueblo. Nadie sabía la edad que tenía. Si le preguntabas, siempre te respondía: «Más de lo que te imaginas». Pues bien, iba todo el pueblo detrás del ataúd, camino del cementerio. La mañana era azul y grande. Cuando cruzábamos el camino de cipreses que da paso al cementerio, las palomas venían en dirección contraria, rumbo a la ermita. Atravesaron la procesión con gran

algarabía. Y, de repente, todo el pueblo se detuvo unos instantes. Nos miramos en silencio entre la tristeza por Anastasio y la alegría de las alas. Dejamos al pobre viejo entre los cipreses y salimos corriendo hacia la ermita, mientras los mayores decían: «Perdona un momento, Anastasio, ahora volvemos, ahora volvemos...».

Las palomas solían dejarse coger a pesar de nuestro nerviosismo y agitación, del gran revuelo que armábamos. Escribimos nuestros nombres y cada uno lo enrolló de nuevo con su gomita en la pata de la paloma, con cuidado, eso sí, de no dañarlas.

Volvimos al cementerio con las palomas. A Anastasio parecía no haberle importado nuestra fuga. Su caja estaba solita en medio del camino. Pero al llegar observamos que una paloma estaba a su lado. Nos sobrecogimos. Alguien desenrolló la entrada y, apoyándose en la caja, escribió:

GRAN CIRCO DE BALTASAR

Circo naturalista, de ilusiones ópticas, trasluces y verdades lunáticas.

VALE por una ENTRADA NOCTURNA para:

ANASTASIO,

que en paz descanse.

Y fuimos, lo enterramos y soltamos todas las palomas.

3

LA CARPA

Tras la aparición de las palomas, había que esperar la luna llena. Ésa era la noche de la función. Nunca habíamos visto cómo mi tío formaba la carpa del circo. Siempre nos pillaba de sorpresa y nos maravillaba. Hasta que ese año lo vi.

Era una noche de verano y los padres nos dejaban salir hasta más tarde. En la plaza, el loco Genaro nos había contado una historia que nos había dado mucho miedo. Nos advertía que anduviéramos con cuidado de no ir por la vía del tren porque había un tren fantasma que corría invisible y en silencio. Y mientras describía el sonido que hacen los cuerpos al estrellarse, ponía cara de maquinista asesino y poseído. Lo más curioso es que por nuestro pueblo no pasaba ninguna vía y la más cercana estaba a muchísimos kilómetros. Pero a todos se nos quedó un hormigueo por dentro...

Y entonces Margarita, la hija del panadero, me propuso:

—Gaspar, ¿me acompañas al molino? Mi madre me pidió esta tarde un poco de masa y se me ha olvidado. ¿Te importa?

—¿Al molino ahora, con el tren que hace, digo, con el frío que hace?

La verdad es que era una noche bastante calurosa, pero el miedo te hace decir unas tonterías...

—¡Claro que te acompaño!

Y Margarita se acercó y me dio un beso en la mejilla. No sé si fue porque ella también tenía miedo, pero aquel beso me sentó estupendamente. Y nos fuimos juntos.

—¿Sabes algo de tu tío?

—Lo mismo que tú.

—Está al caer, ¿no?

—Dentro de dos noches habrá luna llena. Debe andar cerca.

—¿Tú crees que *Ónix* vendrá este año?

—No lo sé. Espero que sí.

—Y lo de las tormentas... ¿lo hará otra vez?

—Seguro.

Todos los del pueblo solían acribillarme a preguntas sobre el circo creyendo que yo sabía algo más. Y eso me gustaba.

Cuando recogimos la masa del molino, el miedo se nos había ido y Margarita propuso volver a casa por el bosque. Me encantó esa idea porque estaba muy a gusto con ella y por allí el camino era más largo.

Al ratito las vimos. Eran cientos de arañas. Llegaban desde todos lados para formar la carpa del circo. Silenciosas y ocultas a los ojos del pueblo, se dejaban llevar por el viento. Se concentraban en un claro del bosque y comenzaban a lanzar sus hilos. Subían y bajaban, en aparente desorden, flotando de aquí para allá como equilibristas expertas. Las telarañas se iban uniendo... hasta

que, en medio de la noche, la carpa del circo se alzaba: una telaraña inmensa, tintineante en el bosque, como una red brillante por donde se introducían las estrellas. En lo más alto, un gran círculo se quedaba sin tejer. Era el círculo de la luna.

Lo habíamos presenciado escondidos, mirando a través de las hojas, y ya no podíamos aguantar más. Estábamos nerviosos y emocionados. Queríamos decírselo a los demás y salimos corriendo cuando, de golpe, recordé una frase que me había dicho mi tío: «Los secretos, Gaspar, no son para contarlos. Los secretos son para descubrirlos». Me frené en seco y hablé con Margarita. Prometimos silencio.

El camino de vuelta a casa fue muy especial. Me sentía unido a Margarita por haber vivido con ella el secreto de la carpa. Regresamos de la mano, sin la masa del pan, que se nos había olvidado en el bosque.

4

Los poemas-piedra

Lo de los poemas-piedra era otra de las invenciones de Baltasar. Gracias a las palomas, sabíamos que el circo iba a llegar y que la carpa aparecería en algún lugar del bosque. La luna llena nos indicaba la noche de la función. Pero nadie sabía exactamente dónde iba a ser, salvo Margarita y yo. El bosque era inmenso y, aun conociéndolo, llevaba varios días atravesarlo. Para que pudiéramos encontrar el circo, mi tío nos dejaba señales o huellas que nos iban conduciendo: los poemas-piedra.

Primero nos indicaban la zona. A lo mejor venía alguien y decía: «He visto una en el camino del Tajo», y ya sabíamos dónde buscar y dónde no. El camino del Tajo suponía que no debíamos rastrear por el Salto de la Vaca; el del Salto de la Vaca eliminaba al camino del río y así, sucesivamente, íbamos examinando la zona. Nos encantaba explorar y cada día aparecía un poema-piedra.

Lo más increíble es que nunca vimos a Baltasar colocar aquellas piedras y el desgaste de algunas letras hacía parecer que llevaran años allí. Más de una noche la pasamos en vela, haciendo guardia e intentando localizarlas o adivinar dónde aparecería la siguiente. Pero nunca, nunca lo conseguimos.

Una vez me quedé en el bosque con los hermanos mayores de Julián. Son cabreros y están acostumbrados a dormir al raso toda la noche. Encienden un fuego y hablan de las estrellas. Tienen muy buen oído, y un perro capaz de ver el vuelo de una lechuza en la oscuridad. Pues ni por ésas. Al amanecer, cuando nos íbamos, delante de nosotros había un poema-piedra. Nadie lo vio acer-

carse. Nadie vio ni oyó nada. Y eso que era bastante grande:

En mitad de la noche,
el canto del cárabo
sostiene una vela.

En mitad de la noche,
el canto del cárabo
primero alumbra
y luego se vuela.

En mitad de la noche,
el canto del cárabo
una vez luz
y otra, estela.

Baltasar

El misterio era si mi tío esculpía aquellos poemas en el lugar donde se hallaba la piedra o los traía ya tallados. En el primer caso, lo habríamos oído. Yo una vez intenté esculpir una y saltaban chispas. Las rocas están muy duras y hay que tener mucha fuerza. ¡Claro que, un domador, ya se sabe...! Si las trajera arrastrando, quedaría alguna señal. Todos los animales dejan su huella en el bosque, ¿no las iba a dejar una piedra enorme?

Sea como fuere, los poemas-piedra nos gustaban a todos. Es muy bonito pasear por el bosque y que las piedras hablen.

Las primeras las colocaron juntas cerca del molino. Quedaban muy bien, pero la madre de Margarita protestó diciendo que le recordaban a las tumbas. Claro que la madre de Margarita no sabe leer. A lo mejor era por eso. Lo cierto es que, a partir del segundo año, las fuimos dejando en los lugares donde aparecían.

Como todos nos sabemos los poemas de memoria, nos sirven para indicar caminos a las gentes que pasan por el pueblo. Si alguien pregunta por la Fuente del Beso —y lo hacen bastante porque el agua está muy rica y no se enferma—, le decimos «Siga usted este camino y al llegar a una piedra que dice: "A la luz de la estrella / las hojas que caen / parecen cometas. / A la sombra de un río / las hojas que caen / parecen navíos"; coja usted para la izquierda y, todo seguido, muy pronto la verá». Y a la gente le gusta.

Juan, el maestro, las utiliza bastante en sus clases, y algunos días salimos del colegio y nos vamos de excursión al bosque, a recitar las poesías escritas en las piedras. A mí hay una que me gusta mucho y que está orientada hacia el norte. El musgo ha recubierto las letras y da la impresión de que está pintada en verde. Dice: «Todo bosque contiene / tres bosques a la vez. / El primero es el que mira, / el segundo, el que tú ves. / Para el tercero hace falta / ser un bosque también».

5

ÓNIX

La noche de luna llena, todos salíamos del pueblo con grandes antorchas. Íbamos en silencio porque así se descubren mejor los poemas. Teníamos que dar con la última piedra y el circo de Baltasar aparecería allí, esperándonos. Nuestros corazones contestaban al búho.

Mi tío solía reservar alguna sorpresa para el penúltimo poema. No debíamos tardar mucho en encontrarlo porque si lo hacíamos —y para eso Baltasar era muy estricto—, la función podía estropearse.

Nos concentrábamos en la última piedra y nos quedábamos quietos como un pueblo fantasma. Esperábamos atentos una señal, aunque no sabíamos cuál sería ni de dónde vendría.

Esa espera me gustaba. A la luz del fuego, nuestras sombras se mezclaban con los árboles y los rostros encendidos eran una mezcla de luna y fuego.

Y siempre sucedía algo.

Una vez nos guiaron dos parejas de ruiseñores. Se posaban delante y se perdían. Su canto nos condujo despacio hasta el último poema.

Otra vez fue el fresco aroma de la alhucema. Sorprendidos por el olor, la brisa nos traía una hoguera encendida junto al poema-piedra.

En otra ocasión fueron las luciérnagas. Como un espejo marino, el bosque se salpicaba de puntitos encendidos, una pequeñita vía láctea de estrellas verdes y colas de sauce. Siguiendo las hileras fosforescentes, llegamos.

Encima del último poema-piedra siempre

BIENVENIDOS
AL CIRCO DE
BAL
TASAR

estaba *Ónix* dándonos la bienvenida. *Ónix* es el camaleón del circo.

Tenía un parche en un ojo y un dominio sorprendente de sus emociones. Baltasar lo encontró herido bajo las garras de un gato hambriento. Lloraba gris de desesperanza. Baltasar se acercó con los bigotes levantados en señal de amistad. El gato arqueaba su espalda sin soltar a *Ónix*. Susurrando, le fue explicando cómo se enamoran los camaleones, cómo comparten la luna con los gatos. Le habló del fruto de un antiguo pacto que hicieron gatos y camaleones en el tiempo de las migraciones.

Así, hablándole en susurros, le convenció para que desistiera. A cambio, le entregó un enorme tazón de leche de liebre. Y el gato aceptó.

Después de curarlo, *Ónix* se tornó azul en señal de eterno agradecimiento por haberlo salvado. A mi tío le sorprendió muchísimo aquella habilidad para expresarse. Decidieron asociarse y probar fortuna. Le enseñó el alfabeto y ciertas artes para el aprendizaje de uno mismo. Poco a poco, *Ónix* fue dominando sus «cromatóforos» hasta el punto de escribir mensajes sobre su cuerpo.

La última vez que lo vimos encima de un poema-piedra decía: «Bienvenidos al circo de Baltasar».

Las letras estaban en rojo sobre verde camaleónico.

6

ENTRANDO EN EL CIRCO

—¡Remedios Casero!

—¡Juan Torno!

—¡Aníbal Lago!

—¡Margarita Campos!

—¡Gaspar Fabretti!

A él no le veíamos, pero su voz nos iba llamando para que entráramos. Lo hacíamos maravillados por la visión de aquella carpa de seda, frágil y consistente, una mezcla de arañas ingenieras y orfebres.

Nos tumbábamos según nos marcaba un círculo de arena roja, con las cabezas hacia dentro.

Por suerte, ese año me tocó justo al lado de Margarita. Aprovechando la unión involuntaria, le ofrecí mi mano acordándome de nuestro secreto. Me gustó sentir aquella mano que ya conocía de una vez, sus dedos familiares, húmedos y nerviosos. Era una mano donde cabían los sueños, las promesas y una hoja de papel que me entregó bruscamente, como si no hubiera otra oportunidad de hacerlo. Apretó con firmeza y me dijo:

—Para después.

Yo guardé aquel papel como si fuera un billete al paraíso. ¿Qué podía haberme escrito Margarita?, ¿por qué no me lo decía? Me emocionó la idea de que pensara en mí cuando yo no estaba y de que hubiera dedicado parte de su tiempo a escribirme. ¿Y por qué para después? ¿Por qué no ahora...?

—¡Manuel Lomas!

—¡Eduvigis León!

La señora Eduvigis, a pesar de ser mayor, era muy ágil. Se tumbó rápidamente, justo a mi izquierda.

—¡Ay, Gaspar! —me dijo suspirando—.

¡Tu querido tío cualquier día se llevará definitivamente mi corazón!

Estaba muy guapa y nerviosa, con un vestido de flores alegres y un sombrero de los que nunca se ven en la tienda. Baltasar había sido novio de Eduvigis hace muchos años y su casa era la única que visitaba cuando acababa el circo. ¡Aparte de la mía, claro está!

Era bastante mayor que él, pero sólamente en apariencia. La verdad es que Eduvigis se adaptaba a cualquier edad. De su bolso de seis botones podía salir cualquier cosa: una pipa azul en forma de sirena, un pañuelo de encaje con lunas bordadas, caramelos, un timbre dorado de bicicleta, una lista de la compra en otro idioma, ¡un huevo fosilizado!, tabletas de chocolate, lápices de colores, dinero que no era legal, globos... ¡No me extraña que mi tío se hubiese enamorado de una mujer así!

Algunas veces le pido que me enseñe una foto que siempre guarda. En ella se les ve a los dos riéndose bajo la lluvia. Eduvigis le lleva en brazos cruzando un río que les llega por las rodillas. Mi tío sostiene en sus manos

una mandíbula de oso, y detrás de ellos, la sombra de un pez que salta río arriba...

—¡Ramón Garrido!

—¡Virtudes Atero!

—¡Lola Lago!

A medida que el círculo de arena se iba poblando de cabezas, las estrellas iban desapareciendo por la luz de la luna. Todos la mirábamos. Los miles de destellos lunares rebotaban sobre los hilos de la carpa, yendo de un lugar a otro, como si fuesen trocitos de música.

—¡Anastasio Rodríguez!

Un escalofrío nos sacudió a todos al oír el nombre de Anastasio. Lo habíamos enterrado hacía tres días y su entrada había llegado con las demás. Noté cómo mi madre, que estaba varios cuerpos hacia mi derecha, carraspeaba. Lo hace a menudo antes de hablar. Seguramente iba a avisar a mi tío de lo ocurrido, cuando la voz de Baltasar la interrumpió:

—Por aquí, Anastasio. ¿Todavía tienes ganas de venir?

Y la voz de Anastasio nos sobrecogió:

—¡Más de lo que te imaginas, Baltasar, más de lo que te imaginas!

Es difícil de explicar. No había ningún cuerpo, pero Anastasio estaba allí con nosotros.

Le hicimos un sitio en el corro y nos felicitó por el entierro:

—Realmente precioso. Yo no sabía que esto de enterrarse fuese tan emocionante. ¡Cómo llorabais! ¿Sabéis que vuestras lágrimas se convierten cada día en una flor diferente? Por eso tengo que pediros un favor. No me llevéis más flores. Sé que os acordáis de mí. Pero no las arranquéis de la tierra...

Lo último que nos dijo en la carpa fue que había decidido aparecerse varias veces al año en los poemas-piedra.

—Sobre todo, cuando haya forasteros. Siempre me gustó recitárselos. ¡Ah, y gracias por enviar mi entrada!

Se colocó entre Eduvigis y yo. No sentí miedo ni nada extraño: sólo un soplo de aire calentito y el olor del tabaco holandés que Anastasio siempre mascaba.

7

Comienza el espectáculo

El primer número del espectáculo era la Danza de las Arañas Lunáticas. Se iniciaba cuando la luna estaba justo en lo alto, ocupando el círculo de la carpa. Las arañas bailaban en el aire, suspendidas sobre sus hilos. Al trasluz, daba la sensación de que aquella danza era sobre la luna. La iban transformando como si fuese un rostro con vida propia, un rostro de prestidigitador, de carnaval celeste: luna pirata, luna tenebrosa, luna cantarina, luna contenta, luna reloj, luna llorando, luna guiñando un ojo... Aquellas arañas

maquillaban a la luna de mil y una formas y, a ratos, la canción de los grillos acompañaba sus movimientos para que la música del disfraz fuese completa. Cuando finalizaban, ponían la palabra «fin» y bajaban por los hilos haciendo piruetas para recibir los aplausos.

Luego venía el número de *Ónix*. Baltasar lo presentaba como un prodigio de hipnosis camaleónica:

«Estimado público. Es para mí un verdadero honor presentarles al artista hipnótico más grande que jamás haya existido...».

Ónix salía con una capa roja en cuyo centro había una espiral negra. El parche en el ojo era de color púrpura. Subía despacio hacia un pequeño trapecio. El presentador pedía silencio y concentración. Todos mirábamos fijamente al artista. Se quitaba el parche con mucha ceremonia y aparecía un ojo enorme. El ojo comenzaba a fijarse en cada uno de nosotros y era como para tragar saliva. De repente, la pupila empezaba a dar vueltas como si fuese una espiral. Así estaba un buen rato mientras imaginábamos, expectantes, cualquier cosa. El ojo se detuvo. *Ónix* ascendió un poco más, yéndose hacia el lugar donde antes habían actuado las arañas. Trepó hacia lo alto de la red y dirigió su mirada a la luna. Su lengua comenzó a acariciarla muy despacio. Se alejó un poco y, de súbito, arrojando la lengua vertiginosamente, capturó la luna en un relámpago, tragándola. Todo se oscureció y se oyeron algunos gritos asustados. Una voz pedía calma, mientras un grupo de luciérnagas subían al trapecio.

Iluminada, en la barriga de *Ónix* se leía: «APLAUSOS». Mientras aplaudíamos con miedo y asombro, *Ónix*, otra vez muy rápido, abría la boca y devolvía la luna a su sitio. El circo era iluminado de nuevo por la luna y, ahora sí, aplaudíamos entusiasmados. El camaleón nos escribía en letras mayúsculas: «MUCHAS GRACIAS», y desaparecía.

Confidencialmente, Baltasar me dijo un año que era todo mentira, que no me lo creyera, que era un truco de hipnosis. Pero yo pienso que era real, que de verdad se tragaba la luna y su luz y que, si *Ónix* se lo propusiera, sería capaz de engullirnos a todos nosotros. Aunque también sé que *Ónix* nunca haría una cosa así. Somos sus amigos, y los amigos para un camaleón son tan importantes como los colores.

8

El descanso

El descanso lo aprovechábamos para levantarnos y estirar las piernas. Baltasar nos acompañaba en aquel paseo silencioso alrededor de la carpa. Era un gran amante de la astronomía y conocía el nombre y la historia de cada estrella y constelación. Nos gustaba señalar las estrellas y que él nos hablara sobre ellas.

—¿Aquélla cuál es, ésa que brilla tanto?

—Ésa es Sirio, la más brillante, y significa «resplandeciente».

—Y aquéllas de allí, ¿cómo dijiste que se llamaban?

—Pléyades. Y la que está detrás, Aldebarán. Siempre las sigue.

Nos daba consejos para no perdernos entre tantas estrellas aunque, algunas veces, no le entendiéramos bien.

—Fijaos siempre en los cometas, veréis que su cola se dirige al lugar opuesto de donde se encuentra el sol.

—Pero, Baltasar —replicábamos—, si es de noche y no hay sol.

Y se reía.

Poco a poco, el firmamento iba poblándose de nombres, hazañas y lugares asombrosos. No importaba cuál señaláramos entre las miles del cielo. Siempre tenía una historia que contar.

Una mañana le pregunté cómo sabía todas aquellas cosas.

—Algunas de ellas vienen en los libros. Pero la mayoría las aprendí de un amigo, Melquíades, mirando el cielo con él. Mejor dicho, sintiéndolo.

—¿Sintiéndolo? ¿Es que tú sientes el cielo? ¿Cómo se puede sentir el cielo?

—Bueno, es... como si pudieras tocarlo...

—¿Tocar el cielo? Eso es imposible.

—Nada es imposible.

—Ya, pero tocar el cielo...

—Deberías haber conocido a Melquíades. Era el mejor astrónomo, aunque a él le gustaba más llamarse «pastor». Y en verdad lo era. Era un verdadero pastor de estrellas. Alzaba sus manos y era como si las tocara. Me enseñaba las formas que se originan en el cielo, las migraciones estelares... Me indicaba las estrellas recientes, las que llevan más tiempo suspendidas en el cielo, e incluso, señalaba el lugar donde alguna noche venidera aparecerían otras...

—¿Y cómo sabía él todas esas cosas?

—Pues, nunca lo supe. Aunque supongo que tenía que sentir el cielo. Si no, Gaspar, no encuentro una explicación. Porque lo más asombroso de todo es que Melquíades era ciego. Sí, era un pastor con el rebaño más maravilloso.

Fruto de aquellos conocimientos astronómicos era el regalo que nos preparaba mi tío. Hacía coincidir los descansos del circo con la mayor afluencia de estrellas fugaces. La luna, adentrada ya en la oscuridad del bosque, no nos deslumbraba. Y entonces aparecían la Líridas, las Acuáridas, las Perseidas, las Oriónidas... Según la época del año, un desfile de nombres luminosos cruzaba el cielo, y cada hilo de luz nos traía los misterios del firmamento.

A veces cerrábamos los ojos intentando comprender la figura evocadora de Melquíades, el astrónomo ciego.

De este modo, el descanso se convertía en un número más del espectáculo. Y yo presentía los ojos de Baltasar mirándonos con ternura.

Me gustaba mucho aquello de mirar al cielo con los ojos cerrados. También me gustaba abrirlos y observar a los demás, cómo permanecían silenciosos, con los ojos entornados, sintiendo el cielo, y en especial a Margarita, que verdaderamente era preciosa, y que no quería decirme nada acerca del papel que me había entregado y que insinuaba que se enfadaría si lo leía en ese momento.

9

DOMANDO

Tras el descanso venía el número de Baltasar. Nos sentábamos en semicírculo y mi tío aparecía con una cajita misteriosa de tres puertas. Cada puerta tenía un pomo transparente lleno de un líquido que se balanceaba. Cuando el líquido estaba en reposo, las puertas se iban abriendo muy despacio. Entonces salían tres nubecitas que se colocaban suspendidas encima de Baltasar.

Una era blanca, y era un cúmulo de verano.

Otra era rosada, una nube crepuscular.

Y la otra era gris, de un gris tormenta.

Al principio, con un pequeño golpe de sus bigotes, giraban sobre la cabeza de mi tío. Luego, a una voz suya, se detenían.

La nube blanca avanzaba formando un aro y las otras pasaban a través.

La rosada se estiraba formando un arco y las otras se deslizaban por ella; primero como si fuese un tobogán suave, y luego como flechas enemigas que se paraban delante de nosotros, cortándonos la respiración.

La gris, más tarde, hacía de cama elástica donde botaban las otras. Baltasar, con sus bigotes, llevaba el ritmo de los saltos. También pedía voluntarios, y los afortunados disfrutaban saltando entre las nubes.

Acto seguido venía el número de la lluvia. Se repartían paraguas para todos los asistentes. Las tres nubes se mezclaban y se iban extendiendo como una niebla fina por la carpa entera. A una voz de mi tío, comenzaba una lluvia suave, que iba aumentando hasta acabar en un buen chaparrón.

He visto llover muchas veces. Pero aquella lluvia, naciendo para nosotros, no era sólo lluvia. Era también magia y corazón.

Baltasar, empapado, pedía un fuerte aplauso, mientras las nubes se separaban y volvían a su estado anterior.

Entonces sobrevenía el silencio. Se aconsejaba al público que se mantuviera quieto en sus asientos y no hiciera movimientos bruscos. Lo que ocurría a continuación era muy peligroso.

La nube gris iba aumentando de tamaño y tomaba un aspecto terrible. Mi tío Baltasar se le acercaba con cuidado y la abría con sus dos manos, introduciendo la cabeza en su interior.

A todos se nos ponía un nudo en la garganta porque creíamos que aquella nube se lo estaba tragando. Cuando, por fin, sacaba la cabeza, retrocedía rápidamente ante el peligro inmediato.

La nube comenzaba a tronar, estremeciéndonos. La telaraña del circo temblaba de tal manera que parecía que se iba a romper. Y entonces sucedía. Arrojando un rayo tras otro, la nube encendía todos los hilos de las arañas. Baltasar, con sus bigotes nerviosos, intentaba retrocederla. Nos sentíamos con

miedo y rodeados, sin poder salir de aquella telaraña eléctrica donde iban aumentando la temperatura y las chispas con celeridad.

Baltasar trataba de conjurarla pronunciando palabras extrañas, y sus bigotes eran el látigo de las tormentas. Funcionaban como auténticos pararrayos.

La nube feroz quería envolver a mi tío. A veces desaparecía en su interior por espacio de breves segundos que parecían siglos. En un último intento, Baltasar, desesperado, se lanzaba directo hacia el corazón de la tormenta y, sujetándola con las manos de domador, sus bigotes encendidos extraían el último trueno, el último relámpago, el último rayo. Lo lanzaba hacia el cielo y se perdía entre las estrellas. Quedaba la nube domada entre ecos.

El aplauso era descomunal y las tres nubes volvían a sus cajitas.

10

Los sueños

La excitación que nos producía aquel número se veía de golpe truncada por el abatimiento. El circo finalizaba, aunque nadie quería.

Los primeros años, Baltasar tuvo que soportar el llanto torrencial de Genaro. Pedía desesperadamente a mi tío que le convirtiera en araña.

—Así me iré contigo, Baltasar, así me iré contigo. Una araña pequeñita, de verdad. Yo no molesto, yo no molesto. Te ayudaré mucho, palabra de Genaro.

Y costaba la misma vida arrancarlo de allí, convencerlo de que Baltasar volvería y que sería maravilloso.

La verdad es que todos mirábamos un poco con envidia a Genaro. Porque en su locura, decía cosas que todos pensábamos y no nos atrevíamos a pronunciar.

Por eso, porque eran cosas de loco. Si Baltasar hubiese podido leernos el pensamiento —cosa que a veces hacía—, seguramente hubiera tenido que convertirnos a todos en artistas de circo.

De haber sido posible, me hubiera gustado que me transformara en camaleón hipnótico, como *Ónix*.

Viendo lo que sucedía al finalizar la actuación, Baltasar decidió incorporar un último número al espectáculo.

Era un número que no terminaba en la carpa, sino que se prolongaba más allá. Consistía básicamente en un sueño y él lo llamaba «CIRCUM ONIRIS».

Para poder soñarlo había que posar la mano en la muda de pitón que siempre llevaba mi tío. La extendía en el suelo cubriendo el círculo de arena roja y quedaba allí como un anillo misterioso. Muy despacio y uno por uno, íbamos colocando nuestras manos. La piel se humedecía y sus dibujos parecían recobrar la vida. Comenzaba a girar. Se sentía el roce, primero minúsculo y luego agrandándose, de aquella piel que se deslizaba. Era una piel circular, sin principio ni fin, que se iluminaba y se apagaba a intervalos.

La quietud alrededor era absoluta. Sólo parecía existir aquella piel bajo nuestras manos. La luz que irradiaba se hacía más intensa. Todo se contagiaba de aquella luz y era como si nos sumergiésemos. Nuestros cuerpos entraban en el anillo y la piel de pitón se apoderaba de nosotros. Habíamos entrado en ella, pasábamos a formar parte de ella, de sus dibujos, de sus manchas perfectas, de su danza giratoria, que lentamente, muy lentamente, ascendía.

Baltasar, como un encantador, hacía sonar mientras tanto una flauta de piedra. Ascendíamos y escapábamos por el círculo lunar. Envueltos por la música, envueltos por la piel, tejidos a ambas por una fuerza y una entrega invisibles, sobrevolábamos la noche abierta.

Por encima del bosque y sin temor, estaban las estrellas, las copas de los árboles, las madrigueras, el río... Subía y bajaba la piel alada; giraba sinuosa, veloz y con suavidad; formando círculos, espirales, danzando hacia el pueblo... el camino del Tajo, los rebaños, la Fuente del Beso, el molino... y muy lentamente, entonces, las imágenes desaparecían, la piel se iba oscureciendo, la música callando... Y nuestros párpados se cerraban.

Dormíamos. Nos había llevado a casa. Al despertar, cada uno estaba en su cama. El circo había finalizado.

A partir de entonces, sabíamos que la piel nos había transmitido su sueño, nuestro sueño, y que noches después, distintas para cada uno, se incorporaría a nosotros como algo vivido. No como algo soñado. Tendríamos memoria de los detalles, los olores, los colores, los sentimientos, la atmósfera... todo, todo lo que se produjera en el sueño.

Y era tal que con el tiempo sabíamos que aquel sueño había sido real. Y no sólo para

uno. Si lo contabas a las personas que aparecían en tu sueño, también se les incorporaba a ellas.

Nos reuníamos en un lugar de las afueras del pueblo, cuyas rocas forman una especie de grada natural. Quien quería comunicar su sueño, tocaba una campana construida a propósito —la llamábamos la Campana de los Sueños— y, cuando todos estábamos allí, comenzaba a relatarlo. Cualquier hora era válida. Pero a mí, el atardecer, planeando con sus golondrinas de poniente, era la hora que más me gustaba y, además, al ritmo de la voz iban apareciendo las estrellas.

SUEÑO DE GENARO

—¡Amigos míos! Voy a daros una buena noticia: ¡ya tengo mi jardín! Y voy a enseñároslo.

Genaro nos fue llevando por unos lugares que se abrían conforme avanzábamos. Llegamos a un prado que tenía unas cortinas inmensas, como un telón de teatro. Nos sor-

prendió no haber visto antes ese telón de tamaño gigantesco. Haría falta la fuerza de quince hombres para moverlo, pero Genaro, con una sola mano y una facilidad pasmosa, lo fue descubriendo mientras señalaba el interior.

—Señoras y señores, bienvenidos al Jardín de las Vías del Tren.

Aparecieron cientos de vías de tren. Estaban colocadas en sentido vertical y ascendían al cielo. Crecían como las vías de algunas líneas abandonadas, llenas de flores y jaramagos. Las había rectas que se perdían en las nubes. Otras se cortaban en mitad de una curva. Algunas daban un círculo completo. Muchas se unían y otras llevaban un túnel incorporado. También las había con caseta de guardagujas y paso a nivel.

—Por favor, utilizadlas, no os quedéis ahí.

Impresionados y sin poder articular palabra, fuimos ascendiendo cada uno por la que quiso. Al principio, muy solemnes y nerviosos. Luego, más tranquilos, familiarizados con aquellas escaleras de tren, disfrutamos de lo lindo viéndonos desde el aire. Parecíamos insectos zancudos, vagones de risa, trapecistas con cara de montaña y ojos de lluvia.

La panorámica del pueblo era maravillosa. Nunca lo había visto así. El bosque era verdaderamente grande y, más allá, contemplamos la llanura, las montañas, otros pueblos y una mancha azul que se perdía en el horizonte.

Según nos gritaba Genaro, estaban vivas y seguirían creciendo.

—¡Conforme las vayáis conociendo, os gustarán más!

No éramos los únicos que las utilizábamos. Había muchos nidos, caracoles y mariposas.

Una vez los hermanos de Juan probaron a subir con sus ovejas. Al principio eran reacias, aunque la hierba de la vía está muy fresca. Cuando se aclimataron y perdieron el vértigo, le cogieron el gustillo. Me encanta verlas subir a ritmo de cencerro. Con frecuencia se las ve dormidas en uno de los túneles aéreos. Es muy bonito. Se está fresquito y el viento sopla desde muy lejos.

Desde que existe el jardín, Genaro pasa allí todo el tiempo cuidándolo. Ha colocado macetas, varias fuentes y muchos dibujos con la forma de cada vía.

Sólo baja cuando viene el circo, cuando oye la Campana de los Sueños y cuando va a nevar.

SUEÑO DE EDUVIGIS

Detrás de los bosques que rodean el pueblo, existe un campo de girasoles. He quedado allí con Baltasar. Recorro cada uno de los poemas-piedra aparecidos a lo largo de todos estos años.

De repente, me encuentro la antigua bicicleta que, tiempo atrás, regalé a Baltasar. Me siento en ella y comienza a pedalear sola, sin que yo intervenga. Para mi sorpresa, va por el camino que quiero y parece adivinar los sitios por los que deseo pasar. Ningún obstáculo nos detiene y es capaz de saltar suavemente la separación de un cortado extenso de tierra sin que el vacío nos detenga.

Reconozco el olor de los girasoles. Sé que aparecerán de un momento a otro detrás del bosque: una llanura inmensa, de círculos amarillos y fondo azul.

Y, en efecto, sucede. En medio del campo, Baltasar muestra una amplia sonrisa y tiene los brazos abiertos. Yo los abro también. Vamos a abrazarnos.

11

I.T.O.H.

Aunque el circo había terminado la noche anterior, nos gustaba regresar al bosque a la mañana siguiente y comprobar que la carpa se había desvanecido prodigiosamente, sin dejar rastro.

Nos juntábamos poco a poco, apareciendo cada cual por su lado, satisfechos y todavía embriagados por lo vivido horas antes.

El bosque se había llenado de caracoles que parecían presentarse a darnos los buenos días. Una niebla rasa emergía del suelo. La voz de Anastasio salió de donde la niebla era más espesa. Nos detuvimos.

—¡Chicos, qué noche más buena he pasado! ¡Esto es maravilloso! ¡Reconozco que me encanta morirme! Te quitas de encima los achaques y te quedas como nuevo... ¡Hasta pronto! ¡Ojalá toque ya la campana...!

Ese día, Baltasar vino a comer a casa. Trajo un ramillete de orégano y un acordeón que le había prestado Eduvigis. Después de comer cantamos algunas canciones muy divertidas. Son muy buenas para la digestión. Luego mi tío tocó una pieza tan triste que parecía la canción de una vela que se apagara lentamente.

—Tengo la impresión de que va a haber problemas... —dijo.

—¿A qué te refieres, Baltasar? —preguntó mi madre.

—No lo sé. Es algo que intuyo. Demasiadas huellas en las lindes del bosque, demasiados aviones sobrevolando.

—Yo también los he visto —grité—. El otro día vi uno con Margarita. Era una avioneta y parecía estar buscando algo. ¿Qué pasa si hay aviones?

—No lo sabemos. Aunque te resulte difícil de comprender, el bosque tiene sus enemigos. Personas que lo consideran como un obstáculo antes que como fuente de vida. No me gustan esas personas. No se detienen ante nada y no tienen en cuenta las consecuencias de sus actos.

—Esas personas... ¿quiénes son... los «alquitranes del recalcitrán»... o algo así...?

—En efecto, Gaspar, los «tranequilas del tranrecal, los trantanes del tran-tran, los alquitralis del Suripán...». ¡Ja, ja, ja!

A pesar de su preocupación, Baltasar no dejaba pasar la oportunidad de tomarme el pelo.

Me dio mucho coraje no saber nada acerca de los aviones. Tampoco comprendía por qué había que esperar algo desagradable. A mí me gustan los dibujos que hacen en el cielo.

Cuando se despedía, Baltasar me regaló un caleidoscopio y me dijo:

—Toma, Gaspar. Míralo sólamente si hay algún problema.

—¿Cómo?

—Sólamente si hay problemas, ¿lo has entendido bien?

Y, sonriendo, me guiñó un ojo, diciéndome adiós con sus bigotes. Estas cosas me sacan de quicio. En poco tiempo había recibido dos cosas que me moría por ver y no podía hacerlo de inmediato.

¿Por qué decía mi tío «si hay algún problema»?, ¿por qué tenía que esperar a algún problema?, ¿por qué no mirar ahora...? Además, no sabía a qué tipo de problemas se refería. ¿Tenía el bosque algo que ver y por eso sus palabras...? Era para desesperarse, aunque, a lo mejor, era una de las típicas bromas de Baltasar. Para probarme. Ver qué podía más, si mi curiosidad o mi... pero... ¿y si no lo era...?

Lo cierto es que me acordé del papel de Margarita. Ahora sí podía leerlo. Eso me alivió un poco. Esperé a que Baltasar desapareciera entre las calles. Los gatos le seguían.

Subí a mi cuarto. El papel estaba muy húmedo y arrugado. Me sorprendí oliéndolo antes de leer. Nunca lo había hecho antes.

Gaspar, si mañana por la noche no estoy en la plaza, sube al molino. Ven solo.

¡Caray con Margarita! ¡Qué misteriosa era! Me estaba poniendo fatal de los nervios. Quería estamparle a mi tío el caleidoscopio y a Margarita, el papel. Toda la tarde la pasé esperando. Esperando que hubiese algún problema para poder usar mi regalo, y esperando a que llegara la noche para subir al molino si Margarita no estaba en la plaza.

Aquella noche el pueblo permanecía solitario y en silencio. Me fui zumbando hacia el molino. Llegué corriendo, muy fatigado por la subida.

Margarita estaba iluminada por una lámpara de luz muy débil y su sombra se proyectaba sobre la pared como si tuviese vida propia. Se levantó de repente al verme y me asusté porque parecía la figura de un gigante que hubiese despertado.

—¿Qué pasa, Margarita? Cuéntame qué pasa. ¿Cuál es el misterio?

—Tranquilo, Gaspar. Descansa un poco. ¿Quieres agua?

Me ofreció un botijo. Deseé con todas mis fuerzas que tuviese la boca estrecha. Nunca se me ha dado bien beber en botijo y, mucho menos, en los de boca ancha. La boca tenía por lo menos el diámetro de un lapicero. Al volcarlo, tragué todo lo deprisa que pude, pero el agua se me acumulaba en la garganta y no podía tragar más deprisa. Me sentía ridículo mientras se me mojaba la cara y el jersey. Afortunadamente, Margarita sólo se rió un poco y enseguida se puso grave:

—La noche que descubrimos la carpa me dejé olvidada la masa del pan en el bosque. A la mañana siguiente, me levanté temprano para ir a recogerla. Vi a unos hombres subidos al Salto.

—¿Quiénes eran?

—No lo sé. Eran forasteros y su acento no me sonaba. Tenían unos aparatos parecidos a las cámaras de fotos, pero con piernas muy largas, y dos de ellos se tiraban mucho tiempo mirando a través de ellos... Anotaban cosas continuamente y los otros dos miraban unos papeles muy grandes, como si fueran planos... Recorrieron parte del bosque, del llano negro...

—¿Tú viste todo eso?

—Sí, y les seguí sin que me vieran. Oí trozos sueltos de la conversación. No quise acercarme mucho porque no me daban buena pinta. Hablaban algo de construcciones, y me dio mucho miedo porque les entendí algo de «inundar el pueblo». Ya no pude escuchar más porque aquella frase se quedó dentro de mí golpeando. Cuando se fueron, encontré esta tarjeta que se le cayó a uno. Mira.

I.T.O.H.

PROYECTOS HIDRÁULICOS

—No sé... ¿Dónde quieres ir a parar?

—¿Cómo que dónde quiero...? Pero ¿no te das cuenta, Gaspar? ¡Esos hombres pretenden inundar nuestro pueblo! ¡TU pueblo!

—Eso es imposible, Margarita. Además, si dices que no los entendías, a lo mejor tampoco dijeron eso. ¿Cómo van a inundar un pueblo a propósito con nosotros dentro? Y aunque no estuviéramos... ¿a quién podría ocurrírsele una cosa así? No tiene ni pies ni cabeza.

—¿Me estás llamando mentirosa?

—¡No, no, no, Margarita! ¡Yo nunca te llamaría mentirosa!

—¿No me crees, no? ¡Es eso! Piensas que me lo estoy inventando.

—Bueno, no, lo que pasa es...

Nunca había visto a Margarita tan nerviosa. Tenía una chispa en los ojos que no me dejaba discurrir.

—Sí, claro, es eso. Crees que me lo estoy inventando.

—¡No! Margarita, de verdad, pero reconoce que lo que me estás contando es un poco descabellado.

—¿Descabellado, dices? Mucho peor, ¡es cruel! Y lo peor de todo es que si no hacemos algo... quizá nos arrepintamos toda nuestra vida.

A la luz de la vela y en mitad de la noche, Margarita hablaba como una heroína de leyenda. Yo tuve que dejarme llevar por la convicción de sus palabras.

—¿Y qué quieres que hagamos?

—Habrá que avisar a los demás. A mí sola no me creerían.

—¿Y tú piensas que a mí sí?

—A ti quizá no, pero a tu tío, sí.

—¡Baltasar! Se ha ido esta tarde.

—¡Mierda!

—Pero, Margarita, no te pongas así...

—¿Y cómo quieres que me ponga? Si me cuesta trabajo convencerte a ti, imagínate a los demás. Yo suponía que estabas de mi lado. Descubrimos juntos la carpa. Era nuestro secreto. Y si olvidé la masa fue por tu culpa... Yo pensé que entre tú y yo... Pero no, eres igual de tonto que los demás. Sólo te interesan tus cosas... Yo creí que te gustaba porque tú a mí me gustas... ¿te enteras?, ¡egoísta!...

Era la bronca más bonita que me estaban echando en mi vida. Dejé que su boca terminara de insultarme y la besé. Sobre la pared, nuestras sombras eran una sola. Inmensa.

Aquella noche aclaramos algunas cosas. Le conté la preocupación de Baltasar por el tema de los aviones. Llegamos a la conclusión de que aquellos hombres estaban estudiando el terreno para construir un pantano, y que nuestro pueblo, por las circunstancias que fueran, les molestaba.

De todos modos, me costaba mucho estar preocupado. Para mí lo más importante de esa noche había sido besar a Margarita. No lo entendía, pero le daba coraje que yo estuviese contento. Ella hubiese preferido que me pusiera trágico. Lo cierto es que ponía la expresión, pero cuando Margarita me miraba tres segundos mis pensamientos se iban a otra cosa, y ella lo notaba. Lo más raro es que me decía una cosa muy desagradable que a mí me gustaba:

—Pollino, tienes cara de pollino.

Decidimos esperar un poco antes de alarmar a los demás. Teníamos que tener una prueba más segura para que nos creyeran. Le enseñé el caleidoscopio.

—Ahora no podemos mirarlo. Algo me dice que debemos esperar. Pero si hay algún problema, él nos ayudará.

12

LOS HOMBRES ELÉCTRICOS I

En realidad no hizo falta alertar a nadie. A los pocos días, llegaron unos hombres al pueblo en un todoterreno. Querían hablar con el alcalde.

—Aquí no gastamos eso —les dijo Aníbal—. El alcalde somos todos.

Primero lamentaron la ausencia de una autoridad establecida, ya que no veían con buenos ojos el hecho de que tomáramos las decisiones importantes en asamblea. Ellos hubiesen preferido un alcalde a quien poder transmitir toda la información. No tenían paciencia ni entendían que para nosotros la voz de Genaro era tan importante como cualquier otra y que, si llevaba varios días en su jardín, sus razones tendría. Les dijimos que no desesperaran, que estaba avisado, y que en cuanto estuviésemos todos, podrían exponer las razones de su visita.

Cuando apareció Genaro, lo primero que hizo fue bautizarlos:

—¿Ustedes son de verdad o son hombres eléctricos?

Lo decía porque aquellos hombres manejaban continuamente aparatos y cada una de sus frases era interrumpida por llamadas de teléfono, consultas al ordenador, apuntes en la agenda electrónica. Tomaban datos y lo fotografiaban todo.

Margarita tenía razón. Se había decidido la construcción de un pantano. El agua acumulada la llevarían a cientos de kilómetros. Miles de personas que vivían muy lejos de nosotros podrían disponer de agua en abundancia.

—Como comprenderán ustedes, estas decisiones no se toman a la ligera. Nuestros expertos han estudiado y analizado durante mucho tiempo todas las posibilidades y han comprobado y decidido que ésta es la mejor zona para construir el pantano.

—¿Y eso cómo se comprueba? ¿Por sorteo?

—Un poco de seriedad, señores. Aquí nada se deja al azar. Todo está perfectamente estudiado y casi realizado. El río ya está siendo desviado y me atrevería a decir...

—¿Cómo es eso de que el río ya está siendo desviado? —preguntó Julián con indignación.

—El tiempo es oro, amigos míos. Lo tenemos todo calculado. Además, las empresas que participan en el proyecto deben terminar cuanto antes, pues tienen muchos compromisos que atender.

—Y a nosotros ¿quién nos atiende? —insistía Julián cada vez más alterado.

—Creo que no lo han entendido bien. Les ha tocado la lotería.

—¿Pero no dijo antes que nada se dejaba al azar? —apuntó Virtudes.

—Muy agudo, señora, muy agudo. Lo que

quiero decirles es que a partir de ahora su vida mejorará no-ta-ble-men-te.

Lo peor de todo fueron las recompensas. A cada familia se le daría una casa igual para todos, en unas calles iguales para todos, con las mismas ventajas para todos... a cientos de kilómetros más allá.

—Será una obra muy beneficiosa. Ustedes mismos se reirán de su vida actual dentro de un tiempo.

—Yo ya me río y la verdad es que me gusta y me lo paso bien —dijo Genaro.

—¡COMODIDAD y SOLIDARIDAD! Éstas son las dos palabras clave de la operación. Comodidad es lo que les ofrecemos a ustedes. Y solidaridad es lo que les pedimos para los demás. Miles de personas se aprovecharán de su traslado. Solidaridad a cambio de beneficios.

Eduvigis, adelantándose, le contestó con energía:

—Se olvida de más.

—¿De más qué?

—Palabras clave.

—¿Cuáles son?

—«ESTOQUE» y «NOSELO».

—¿Qué palabras son ésas?

—Muy sencillo, yo se lo explico. «Estoque» significa que *esto que* usted nos propone es una locura. No podemos abandonar nuestra vida así porque así y de la noche a la mañana. Y «Noselo» significa que tanto beneficio como dice *no se lo* cree ni usted ni nadie.

—Muy ocurrente, pero equivocada. ¡Háganme caso, es lo mejor que les ha pasado en la vida!

—¿Mejor que nacer?

—¡Oigan, no sean más simplones! Sé que intentan confundirme, pero no lo van a conseguir. Les repito que ya está todo decidido. Y el plazo que les ofrecemos es su-ma-mente razonable.

Poco a poco, aquel tipo fue subiendo el tono de su voz y dejó entrever una mirada maliciosa.

—Es más, si no entran en razones, nos veremos obligados a actuar por la fuerza. Y esto es algo que no deseamos, por supuesto...

Tuvimos que poner todos cara de chorlito porque enseguida nos dijo que no querían causar daño a nadie. Eduvigis sentenció:

—Deje ya de fingir. Más vale que se olviden de nosotros. Para ustedes sería mejor que no existiéramos.

Acabaron repitiendo las múltiples ventajas de la vida en la ciudad, en el más allá, eso sí, siendo interrumpido innumerables veces por el teléfono.

—Volveremos en breve para *controlar* la situación y asegurarnos de que todo se realiza *correctamente y según el plan establecido.*

Cuando se marchaban, Genaro les gritó:

—Oigan, la próxima vez, no se olviden de respirar...

Menos mal que, al menos, la perra de Julián se había meado tres veces en la rueda trasera del todoterreno.

El pueblo recibió el poniente de cara. Las semillas de las acacias venían flotando y eran pequeñas cometas aladas. El olor del romero se hizo intenso. Abandonamos la plaza y nos fuimos al bosque a pasear nuestras inquietudes.

Quien no conocía el bosque, el crujido de los pasos sobre las hojas, la silueta evocadora de los árboles, los cantos silvestres; quien no conocía las veredas ocultas, las huellas del conejo y la nutria, las cortezas; quien no conocía el agua de manantial... pretendía inundarnos.

Mi madre lloró hasta perder la luna.

13

Los hombres eléctricos II

Aquella primera visita nos dejó a todos una gran desazón. El mismo bosque parecía presentir algo grave, y el tiempo estaba frío y lluvioso. Era algo así como «el alma del bosque», de la que tanto hablaba Baltasar, quien se mostraba triste y pesarosa. Fueron días apagados, con una luz que daba la impresión de haber perdido el brillo y el calor.

Tuvimos varias visitas más de los hombres eléctricos. Cada vez hablaban menos de la *magnífica oportunidad* que teníamos y aumentaban sus amenazas.

Nosotros los tratamos lo mejor que sabíamos. Pretendimos hacerles ver que éramos felices aquí y que no queríamos cambiar nuestra vida.

La segunda vez que vinieron, Eduvigis les preparó un maravilloso manjar compuesto por revuelto de cardos y tagarninas, setas con jamón y una maravillosa tarta de frutas silvestres. Insistió en que se lo comieran todo, mientras les amenizaba la comida con el sonido del acordeón.

Nada. Ni por ésas. Se lo comieron a regañadientes:

—Está todo buenísimo, señora, pero no piense que con esto conseguirán cambiar algo la situación.

La tercera vez, Genaro les hizo unos sombreros con globos y un par de trucos de magia bastante buenos. Después les contó la historia del tren fantasma, señalándoles lo peligroso que sería cualquier alteración del terreno.

—Muy gracioso. La próxima vez vendrán ya las máquinas. Esta historia se está alargando demasiado.

La cuarta se presentaron con dos excavadoras, y los hermanos de Julián le hicieron una demostración, en la plaza, de cómo se reúne un ganado disperso.

—Nuestra paciencia se ha acabado. ¡Y dígale a su perro que no se mee en nuestro coche cada vez que venimos!

A la quinta aparecieron con un destacamento de la policía, dos autobuses vacíos y varios camiones. Estaban decididos a sacarnos del pueblo. Les invitamos a recorrer los poemas-piedra y se quedaron muy impresionados con el poema aquel que hablaba solo y que dejaba un aroma a tabaco holandés:

Cada mañana parten.

Plumas,
gotas,
silencios.

De pie en mi árbol,
los aliento.
Cada noche regresan.

Rumores,
espumas,
vuelos.

Sentado en mi árbol,
los espero.

Baltasar

—Un truco realmente interesante —dijeron.

Pero nada, no había manera de convencerlos. Aquellos hombres no atendían ninguna razón.

—Señoras, señores, agradecemos mucho su hospitalidad y las cosas tan simpáticas que hacen. Son ustedes una gente verdaderamente graciosa, pero me temo...

«¡DONG!, ¡DONG!, ¡DONG!»

En ese momento, sonó la Campana de los Sueños y salimos en estampida, dejando a nuestros amigos boquiabiertos, con sus insultos al aire...

14

UNA TRIBU ARBÓREA

No pudimos regresar al pueblo. Nos estaban esperando. Nuestras casas habían sido tomadas. Las habían vaciado, introduciendo todas nuestras cosas en los camiones.

Necesitábamos un plan urgentemente. Mientras contemplábamos escondidos cómo se llevaban todo, Eduvigis exclamó:

—¿Pero no se dan cuenta de que nunca nos podrán arrancar de aquí, de que estamos unidos a esta tierra como si estuviésemos amarrados a ella?

De repente, lo vimos claro. Fuimos al jardín de Genaro y cogimos algunas vías para nuestro propósito. Tomamos rumbo a la Garganta Negra, donde el bosque era más espeso, donde se encontraban los árboles de mayor altura. Era el primer lugar que quedaría cubierto por las aguas si...

Con ayuda de las vías trepamos aquellos árboles y nos fuimos atando con cuerdas. Cada uno en un árbol. Inconscientemente, arrojamos las vías del tren para que no pudieran utilizarlas, sin darnos cuenta de que ellos no las percibían, que no las veían, que para ellos, simplemente, no existían, puesto que no habían compartido el sueño de Genaro.

Era nuestra manera de decir que pertenecíamos a aquellas tierras y que, como muy bien había dicho Eduvigis, nos sentíamos «atados a ella». Los árboles eran en verdad muy altos y estábamos orgullosos de formar parte de una tribu arbórea.

Sólo quedaba esperar que nos descubrieran, que comprendieran lo firme de nuestra decisión. Como no conocían el bosque y tardarían en encontrarnos, decidimos ayudarles.

Comenzamos a cantar para llamar su atención. El viento, en lo alto, nos acompañaba.

Por fin nos encontraron. Sus caras eran de asombro. No podían imaginarse cómo habíamos subido hasta allí y algunos decían que era cosa de brujería.

—¡Locos! Están todos locos. ¡Deberían encerrarles en un manicomio! ¿Quieren hacer el favor de bajar inmediatamente?

Desde las alturas, ellos parecían enanitos del bosque, figuritas de barro animadas.

Intentaron convencernos sirviéndose de un megáfono, amenazando con «cortar por lo sano» nuestra locura.

Como no se enteraban bien de nuestras respuestas, decidimos hacerlo a coro, preparando antes las frases que íbamos a decir.

¡NO AL PANTANO!
¡DE AQUÍ NO NOS BAJAMOS!

¡LAS MANOS ATADAS
JAMÁS SERÁN AHOGADAS!

Esto les sacaba de quicio aún más. No se creían que tuviéramos las manos atadas y que no pudiéramos liberarnos sin ayuda.

Algunos policías intentaron trepar por los árboles, pero es muy difícil sin las vías del tren.

—¡Sigan jugando, pero es inútil! Tarde o temprano tendrán que bajar de ahí. O ¿es que piensan morirse allí arriba?

—¡SÍÍÍÍÍ! —contestamos todos.

Y aquel hombre era incapaz de contenerse. Maldecía, gesticulaba, hacía gestos muy divertidos. Era una lástima no poder oírlo cuando no utilizaba el megáfono.

Sin embargo, los hombres eléctricos tenían la sangre envenenada. Comenzaron a cortar los árboles para intimidarnos.

—Primero los árboles que no están ocupados —ordenaban.

Como si un árbol fuese solamente madera y hojas. No pensaban en el cárabo, los jilgueros, las hormigas. No pensaban en la sombra perdida, en el musgo, las vincas... No pensaban en la cantidad de vida que «sostiene» un árbol.

Caían con violencia, en un silencio humilde e inocente, interrumpido por las motosierras, interrumpido por nuestros gritos inútiles, interrumpido por el estruendo final de cada caída. Árboles centenarios desaparecían velozmente, como si de nada sirvieran los años hacia el cielo.

Tan sólo se salvaban los que nos sostenían, formando una empalizada inútil ante aquella ceguera violenta y cruel.

A la mañana siguiente, las aguas comenzaron a llegar. Nos dijeron que un fallo de coordinación había adelantado el desenlace y que no podían hacer más.

—¡Deben bajar inmediatamente! No existe *tiempo material* para traer un equipo de salvamento. El acceso es muy difícil y, si lo consiguen, será demasiado tarde.

El teléfono volvió a interrumpirle y después de colgar gritó:

—¡Las aguas se acercan! ¡Hay que evacuar la zona inmediatamente! Nosotros no podemos hacer más. Al menos, hemos intentado salvarles por todos los medios. Pero ya que lo quieren así...

Comenzaron a recoger sus cosas con rapidez. Nos comunicaron que lo habían intentado todo, que no eran responsables de nuestra actitud y que, en breve, el cauce del río cubriría nuestra altura.

—No tengo ni la más remota idea de cómo han llegado hasta allí. Pero ya que son tan listos, bajen del mismo modo que subieron... si es que quieren seguir viviendo... elijan... ¡Hagan lo que hagan, ustedes son los únicos que tienen la culpa de todo esto! Pero les advierto, si se quedan ahí arriba, están condenados a morir...

Y, diciendo esto, nos abandonaron.

—¡PAPARRUCHAS! ¡Eso son paparruchas! ¿Qué sabéis vosotros de la muerte? ¡Ni de la vida tenéis la más mínima idea! —gritaba Anastasio.

Su voz nos daba aliento mientras los ahuyentaba aún más.

15

Tegenaria gigantea

Me acordé de Baltasar y, en parte, me alegré de que no estuviera allí, viendo lo que sucedía. Pero ahora, más que nunca, le necesitábamos. Me vino a la memoria su última frase: «Míralo sólamente si hay algún problema». De forma incomprensible, me había olvidado de él. Quizá porque no había llegado el momento hasta ahora: debía utilizar el caleidoscopio.

Intenté cogerlo, pero tenía las manos fuertemente atadas. Lo tenía clavado en un muslo, por dentro del pantalón. Podía sentirlo, oír cómo me decía «Mírame, mírame...», pero era incapaz de desatar mis ligaduras. El roce de las cuerdas hacía que mis muñecas sangraran.

Deseaba ardientemente que estuviera Baltasar. Pero no aparecía. Su ausencia se hacía cada vez más dolorosa. Con él las cosas hubiesen sido distintas, seguro. Yo no entendía por qué se había marchado aquella tarde si algo presagiaba, por qué me había entregado este maldito caleidoscopio que no conseguía coger...

Tenía que hacerlo, aunque me cortara las manos. Me acordé de *Pablo*, el perro de tres patas que después de quedar atrapado en un cepo furtivo, y para salvar su vida, se arrancó de allí. Dejó su pata en el cepo, pero trajo su vida. Estaba decidido a hacer lo mismo y prometí que era la última vez que Julián me ataba las manos.

Despacio, muy despacio, y después de no sé cuánto tiempo, mis manos parecían liberarse. Tenía un corte que se ahondaba con cada tirón. Las aguas subían y, al mirar los rostros de los demás, sentí miedo por primera vez. Algunos árboles se inclinaban y la noche fue cayendo sin estrellas.

Cuando la oscuridad fue total, mis manos saltaron. Por fin lo había logrado. Saqué torpemente el caleidoscopio y me asaltó una duda. ¿Funcionaría en medio de la oscuridad, en ausencia total de luz? Me lo acerqué y comencé a girarlo muy despacio. No se veía nada. Seguí girándolo mucho tiempo... pero no se podía ver nada.

Estaba decepcionado.

Aquel caleidoscopio era muy bonito y, a lo mejor, serviría para pasar horas muy agradables. Podría olvidar mis problemas si me sumergía en él y me aislaba. Nada me afectaría o, simplemente, disfrutaría de las cosas interesantes que se verían cuando hubiera luz...

En ese momento, noté una sacudida en mi árbol. Un golpe seco. Es probable que fuera un tronco a la deriva. Lo cierto es que se me cayó de las manos. Conservé la postura sin mover un músculo, como si mis ojos y mis manos vacías siguiesen mirando a través de un caleidoscopio. No era posible. Lo había perdido.

—¡BALTASAAAAR! —grité.

Nadie contestó. Sólo se oían las aguas. Pensé por un momento que los demás se habían ido, que estaba yo solo, que era el único que permanecía atado en el único árbol, en mitad de la oscuridad, mientras las aguas subían, subían, subían... ¡Dios mío!, ¿se habrán ahogado...?

—¡Mamááááá! ¡Margaritaaa! ¡Que alguien conteste, por favor!

El silencio era brutal. Tan sólo las aguas... Comencé a delirar...

—¡Baltasar, Baltasar! ¡Cómo me gustaría que estuviese aquí...! *Dolomedes fimbriatus, Nuctenea umbratica, Tegenaria gigantea...* Sí, Baltasar, recuerdo las cosas que me has enseñado, ¿lo ves? Éstos son los nombres de tus arañas..., venían siempre antes que tú, te precedían para formar la carpa...

Sentí unas cosquillas en mi frente, como si unas patitas minúsculas me estuviesen cruzando. Abrí los ojos. Una tímida luz en la lejanía aventuraba la llegada del día. Conforme la luz avanzaba, aparecían cientos de hileras flotantes. ¡Eran las arañas! Por encima del bosque inundado, saltando las ramas, navegando en las hojas, cruzando el aire a través de las copas de los árboles que sobresalían, venían las arañas.

—¡Las arañas, son las arañas de Baltasar! ¡Despertad, despertad! ¡Baltasar vieneeeee!

Poco a poco, los cuerpos medio sumergidos despertaban. Comenzamos a aclamarlas, a jalearlas. Segregaban la seda aceleradamente y lanzaban sus hilos en aparente desorden. Era difícil presagiar lo que estaban tramando. Tejían febriles, engordando los hilos hasta formar unas maromas gruesas. Cada vez venían más y en el bosque todo era actividad frenética de hileras y corrientes.

Frente a nosotros, navegando sobre una rama, apareció *Ónix*. La elegancia pausada del camaleón contrastaba con el alboroto general. Sobre el lomo se podía leer: «Resistid y confiad». No llevaba parche y sus ojos inflados buscaban algo bajo las aguas.

Según nos adelantó Anastasio, su misión era ardua. Tenía que coger cada maroma y sumergirse para atarlas en cada poema-piedra. Localizarlos era muy difícil, ya que apenas se vislumbraban en el fondo. Las aguas corrían turbulentas y oscuras, levantando el bosque, que se poblaba de navíos insólitos.

Sin embargo, *Ónix* tenía una mirada prodigiosa y una memoria sorprendente. Su lengua submarina fue atando cada poema-piedra. Recorrió todo el bosque anclando las maromas.

No lo entendíamos, pero era nuestra única esperanza. El día parecía resistirse y el sol se oscurecía por momentos debido a las nubes. El agua nos llegaba hasta el cuello.

Poco a poco, se hicieron algunos claros. Los rayos atravesaban las nubes como haces mágicos de luz. No eran casuales. Cada haz se abría encima de cada poema-piedra. Algunos tenían la luz rosada, otros eran grisáceos, otros blancos...

¡Eran las nubes de Baltasar...! Habían crecido hasta alcanzar el tamaño del bosque. Encima de ellas, dirigiéndolas como un navegador experto, Baltasar nos gritaba:

—¡Amigoooos! ¡Ya estoy aquíííííí!

Evidentemente, llorábamos.

A una voz de Baltasar bajaron las palomas. Se dirigieron en bandadas hacia las cuerdas iluminadas. Las recogían y se las llevaban a mi tío. Cada vez que recibía una, se perdía entre las nubes y tardaba en aparecer. Las cuerdas iban quedándose amarradas en las nubes.

Nuestro silencio tenía miedo. El nivel del agua ascendía por momentos y te cubría... Entonces las cuerdas se tensaron. Las nubes estaban tirando hacia lo alto y el bosque crujía. Tiraban y tiraban. La tensión de las maromas era extrema y en cada tirón un zumbido se apoderaba de nuestros oídos sumergidos.

Baltasar, en lo alto, tenía los bigotes levantados y sonreía. Los poemas-piedra se estaban levantando y, con ellos, unido como un solo cuerpo, el bosque.

Parecía que las aguas comenzaban a bajar, pero, en verdad, éramos nosotros los que ascendíamos. Y con nosotros, el bosque entero emergía: aparecieron nuestras casas, el molino, la Campana de los Sueños, la fuente del beso... Todo el bosque se salvaba, abandonando el lastre del agua que caía en múltiples cataratas.

Era un globo inmenso y nebuloso surcando los aires, llevando un bosque como canasta.

—¡Niñas y niños! ¡Señoras y señores! ¡Bienvenidos al circo de Baltasar, el primer circo aerostático del mundo! ¡Prepárense para disfrutar de la más grande de las maravillas! ¡Prepárense para admirar el valor de nuestros sueños...! ¿Quién puede vencerlos?, ¿quién puede arrebatarnos la magia que anhelamos?, ¿quién...?

Bajamos de los árboles y nos abrazamos. No podíamos decir nada. Simplemente estábamos allí, volando sobre nuestro bosque, sostenidos por las nubes.

Un objeto de barro llamó mi atención detrás de unos matorrales. Era el caleidoscopio. Lo había encontrado. Lo limpié con detenimiento y, al mirar, la imagen que se multiplicaba en el fondo era la de unas nubecitas. Al girarlo cambiaban de color y de estado: llovían, se evaporaban, se condensaban... Estaba emocionado y sentí la mano de Baltasar en mi hombro. Lo abracé.

—Funcionó —le dije.

—Claro que sí, Gaspar, ¿tú qué te creías?

—Lo que está pasando... Esto de que el bosque vuele... ¿es real?, ¿qué quedará abajo donde estaba el bosque?, ¿un boquete vacío?

—A los ojos de los demás, lo que existe es un bosque y un pueblo sumergidos por un pantano. Sus habitantes huyeron sin dejar rastro. Pero tú y yo sabemos que no, que ese bosque, ese pueblo, esos habitantes pertenecen al aire, a la luz que navega en nuestros sueños. ¿Te gustaría pilotar el bosque?

ÍNDICE

Títulos publicados

Serie Azul

1. *Las peleas de Inés y Paula.* **Patricia Wrightson**
2. *El Palacio de los Tres Ojos.* **Joan Manuel Gisbert**
3. *El canario de Brunei.* **Daniel Nesquens**
4. *Desde el corazón de la manzana.* **Juan Farias**
5. *Mi hermana es un poco bruja.* **Carlos Puerto**
6. *Malú y el marciano del ordenador.* **Blanca Álvarez**
7. *El niño que soñaba con ser héroe.* **Sylvain Trudel**
8. *Viejos amigos, nuevos amigos.* **Manuel L. Alonso**
9. *Renata toca el piano, estudia inglés y etcétera...* **Ramón García Domínguez**
10. *Con la música a otra parte.* **José Antonio del Cañizo**
11. *El gran problema del pequeño Marcos.* **Gilles Gauthier**
12. *La rosa del Kilimanjaro.* **Carlos Puerto**
13. *Los conquistadores del infinito.* **Jean Lemieux**
14. *Los despistes de Matías.* **Marjaleena Lembcke**
15. *Farid y el gato negro.* **Hans Hagen**
16. *El mago del paso subterráneo.* **Alfredo Gómez Cerdá**
17. *Un problema con patas.* **Marinella Terzi**
18. *Renata juega al píngate, al balón y etcétera...* **Ramón García Domínguez**
19. *El amigo que vino del mar.* **Mariano Vara**
20. *La rosa del desierto.* **Carlos Puerto**
21. *Peluso.* **Gloria Sánchez**
22. *Un hermano metomentodo.* **Jesús Zatón**
23. *Las alas de Diego.* **Jean-Jacques Marimbert**

24. *Los líos de Max.* **Laida Martínez Navarro**
25. *Poemas para las horas y los minutos.* **Juan C. Iguerabide**
26. *La rosa de los hielos.* **Carlos Puerto**
27. *Arañas a medianoche.* **Dagmar Mueller**
28. *Más allá de los rosales.* **Carmen Gómez Ojea**
29. *Renata Alucinata.* **Ramón García Domínguez**
30. *Fabulosa noche de San Juan.* **Joan Manuel Gisbert**
31. *En el mar de la imaginación.* **Rafael Calatayud**
    XIV PREMIO ALA DELTA
32. *Las vacaciones de Lukas.* **Erhard Dielt**
33. *Por tu bien.* **Jean Lemieux**
34. *El sueño de Alí.* **Claire Clément**
35. *El mundo de papá.* **Moka**
36. *La rosa de la pradera.* **Carlos Puerto**
37. *Mi testaruda bicicleta.* **Mariasun Landa**
38. *¡Un gato fantasma!* **Dagmar Mueller**
39. *Mi mejor amigo.* **Jo Hoestlandt**
40. *El circo de Baltasar.* **Pepe Maestro**
41. *La Padreteca.* **Dennis Whelehan**

XIV Premio
ALA DELTA

En el mar de la imaginación

Rafael Calatayud Cano

Ilustraciones
Roger Olmos

ALA DELTA, SERIE AZUL N.º 31. 112 págs.

Los niños y las niñas que aparecen
en este libro hablan con la lluvia,
juegan con amigos imaginarios,
se enfadan con su sombra, andan boca
abajo, viajan alrededor del mundo,
defienden a su muñeca,
enseñan a leer a un gato
o cuentan olas. Y hacen todo
esto y, mucho más, sumergidos
en el mar de su imaginación,
el mar donde nadan todos los niños.